Inhalt

Internetmedizin - Patient sucht Arzt

Kernthesen

Beitrag

Fallbeispiele

Zahlen und Fakten

Weiterführende Literatur

Impressum

Internetmedizin - Patient sucht Arzt

Anja Schneider

Kernthesen

- 19 Millionen Deutsche informieren sich im Internet zu allgemeinen oder individuellen Gesundheitsthemen, meist schon bevor sie zum Arzt gehen.
- Mit rund 200 Millionen mobilen Gesundheits-Apps weltweit ist Gesundheit der am schnellsten wachsende Bereich bei Apps.
- Jede zweite Arztpraxis hat heute bereits eine eigene Website.
- Eine Gesundheitsstudie zeigt, dass die Ärzte insgesamt aber noch Nachholbedarf darin haben, mit ihren Patienten online in den Dialog zu treten.
- Die Ärzte, die auf Ärztebewertungsportalen

bewertet werden, erhalten sehr gute Noten.
- Der neue Bundesverband Internetmedizin will medizinische Leistungs- und Informationsangebote im Internet fördern und ihre Qualität sicherstellen.

Beitrag

Internet - Patienten als Treiber

Braucht man als Patient einen Arzt, greift man in der Regel zum Telefon und vereinbart einen Termin, auch das Fax hat sich als Kommunikationsmedium in den Arztpraxen etabliert. Das moderne IT-Zeitalter bietet einem Arzt und seinen Medizinischen Fachangestellten inzwischen weitere Formen der Kommunikation im Team untereinander, mit den Patienten und mit anderen Leistungsträgern des Gesundheitssystems wie etwa Krankenkassen, Kollegen, Kliniken. Längst diskutiert auch die Gesundheitsbranche über die Möglichkeiten des Internets, über Vernetzung, Portale, Social Media, Apps und mobile Lösungen. Treiber des Geschehens sind jedoch nicht die Ärzte, sondern die Patienten, die sich im virtuellen Wartezimmer gut vernetzen und informieren wollen.

Internetforen - der informierte Patient

19 Millionen Deutsche informieren sich im Internet zu Gesundheitsthemen jeglicher Art. Und das meist schon bevor sie zum Arzt gehen. Zwar ist das Vertrauen in den Arzt weiterhin groß, doch die Patienten möchten auf Augenhöhe mit ihm sprechen. Bei leichten Erkrankungen, wie Erkältung, Durchfall, Warzen oder trockener Haut, holen sich Patienten die benötigten Informationen immer häufiger aus dem Internet und besorgen sich die entsprechenden Medikamente selbst in der Apotheke. Die erste Anlaufadresse zur Informationsgewinnung ist Wikipedia, am zweithäufigsten werden die Seiten der Krankenkassen genutzt, dann erst die Online-Informationsangebote von Ärzten. Immer beliebter werden Ratgeber-Communities und Internetgesundheitsforen, in denen sich Betroffene austauschen. Thematisiert werden Diagnosen, Therapiemethoden, Medikation und Alternativen. Betroffene werden zum sogenannten E-Patient, digitalen Patienten oder auch Healthcare-Surfer. Auch soziale Netzwerke wie Facebook, Twitter und Blogs erobern sich allmählich einen Anteil am Gesundheitsgeschehen im Internet. Hier sind allerdings vor allem die jüngeren Nutzer aktiv, berichten über sich selbst, antworten auf Fragen,

geben Ratschläge und bewerten. Die älteren Internetnutzer informieren sich gerne, sind aber angesichts höherer Bedenken hinsichtlich Datenschutz, Seriosität und Qualität der Inhalte in den Social Media deutlich zurückhaltender mit der Preisgabe persönlicher Krankheitsgeschichten. (1), (2), (3)

Jede zweite Praxis mit eigener Website

Für viele selbstverständlich ist mittlerweile die Suche nach einer geeigneten Arztpraxis im Internet. Dort sind die Ärzte durchaus präsent. Jede zweite Arztpraxis hat heute eine eigene Website. Auf ihr präsentieren die Ärzte sich selbst samt Ausbildung und Werdegang, ihr Praxisteam, ihr Leistungsangebot, Organisatorisches wie Erreichbarkeit, Sprechstundenzeiten, Praxisregeln, Anfahrtsplan, Aktuelles wie Urlaubs- und Vertretungsregelungen sowie Notfalladressen. Anhand von Fotos kann sich ein potenzieller Patient einen Eindruck verschaffen. Freilich darf dabei nicht zu viel Werbung und Eigenmarketing betrieben werden. Eine eigene Website gilt als Werbung und darin sind Ärzte und andere Akteure des Gesundheitswesens deutlich limitierter als etwa Konsumgüter- oder Automobilhersteller. Um rechtlich auf der sicheren Seite zu sein, wird Ärzten geraten, sich vorab beraten zu lassen. (6)

Ein wichtiger Aspekt ist, dass die Praxis über von Interessenten und Patienten genutzte Suchmaschinen gefunden werden kann. Google, Google Maps, Places und Google+ zählen zu den Diensten, die besonders interessant für niedergelassene Ärzte sind, um Patienten aus der Umgebung zu erreichen. Auch beim lokalen Google-Eintrag ist eine neutrale Gestaltung angesagt, der informative Charakter muss im Vordergrund stehen. (6)

Bei der Nutzung von Sozialen Netzwerken müssen die Ärzte natürlich die Regeln der Vertraulichkeit und des Datenschutz bewahren, die ihnen ihre Zunft gebietet. Doch darüber hinaus hat auch die Ärzteschaft durchaus die Möglichkeit, von den Social Media zu profitieren. Sie können sich selbst zu Wort melden, ihre Meinung zu einem fachlichen Thema kundtun, auf Nachrichten verweisen, die für ihre Patienten interessant sein könnten, sogar Videos dürfen Ärzte auf Plattformen wie YouTube veröffentlichen. (6), (7)

Immer mehr Patienten wünschen sich, online einen Termin mit ihrem Arzt vereinbaren zu können, ihren Arzt online eine Frage stellen zu können und eine Antwort zu erhalten, ein Rezept oder eine

Überweisung online zu bestellen und zu erhalten. In der Tat gibt es bereits Arztpraxen, die eine Online-Rezeptbestellung oder eine Online-Überweisungsscheinanforderung anbieten. Das benötigte Papier wird dann vorbereitet und kann vom Patienten abgeholt werden. Ärzte dürfen ihre Patienten auch mit einem Praxis-Newsletter versorgen. Die Patienten müssen allerdings dem Empfang vorher zugestimmt haben. Der Newsletter muss informativ gehalten sein, darf keine aufdringliche Werbung oder Vergleiche mit anderen Ärzten enthalten. Aber nichts spricht beispielsweise gegen aktuelle Informationen über Impfungen, Prophylaxetipps oder die Weitergabe von Warnungen durch Gesundheitsbehörden. Doch Studien zeigen, dass die meisten Ärzte durchaus noch Nachholbedarf darin haben, mit ihren Patienten online in den Dialog zu treten. (6), (1)

Ärztebewertung im Internet

In diversen Arztbewertungsportalen können Patienten ihre Erfahrungen mit einem Arzt öffentlich machen oder diejenigen, die auf Arztsuche sind, sich vorab informieren. In den USA ist das längst Gang und Gäbe. Hierzulande betrachten die Ärzteschaft und ihre Vertreter Bewertungsportale noch mit Skepsis. Von digitalem Ärztepranger, von Plattform für Denunzianten ist die Rede. Es wird diskutiert, wie Nutzen und Schaden gemessen werden sollten, darüber, dass es keine belastbaren Zahlen gibt, und wie Qualität und Seriosität der Inhalte sichergestellt werden kann. Das Ärztliche Zentrum für Qualität in der Medizin (ÄZQ) hat bereits im Jahr 2009 Qualitätsstandards erarbeitet und im Jahr 2012 erfüllten die zwölf geprüften Portale deutlich mehr Kriterien des Anforderungskatalogs "Gute Praxis Bewertungsportale" als in den Jahren zuvor. Ein positives Urteil fällen darüber hinaus auch die Anbieter der Weissen Liste - Wegweiser im Gesundheitswesen. (9)

Wieso also haben die Ärzte solche Angst? Interessant ist, dass die Ärzte trotz der Bedenken auf den Web-Bewertungsportalen in der Regel sehr gut abschneiden. Kürzlich fand eine Studie heraus, dass sie im Schnitt die Note 1,1 erhalten. Freilich stellen bislang weniger als zehn Prozent der Patienten ihre Erfahrungen beim Arzt hinterher wirklich ins Netz. Eine Web-Bewertung gibt es daher nur für rund 30 Prozent der Allgemeinärzte. (10), (1)

Großes Potenzial für Kooperationen und für mobile Konzepte in ländlichen Gebieten

Bei der Zusammenarbeit der Ärzte im ambulanten und stationären Bereich gibt es über das Internet viele Einsatzmöglichkeiten, wie beispielsweise das Führen einer elektronischen Krankenakte, den papierlosen Austausch von Befunden, Formularen, Stellungnahmen und Fotografien, die Online-Rezeptbestellung und -Terminbuchung. Kongressmaterialien werden heutzutage über das Internet bereitgestellt, Vorträge sogar in Echtzeit über das Internet übertragen. (8)

Auf der Gesundheitswirtschaftskonferenz in Berlin im Dezember 2012 propagierte Bundeswirtschaftsminister Rösler eine enge Zusammenarbeit zwischen IT-Branche und Gesundheitssektor. An vielen Baustellen zur Vernetzung und Digitalisierung wird seit Jahren gearbeitet, beispielsweise Telemedizin oder elektronische Gesundheitskarte. Doch noch handelt es sich um "IT-Inseln" im Gesundheitssystem, kritisiert der Bitkom-Verband. Telemedizin wird von den Ärzten allerdings zunehmend akzeptiert. Der telemedizinischen Versorgung wird vor allem viel Potenzial in ländlichen Gebieten zugemessen, wo die Ärztedichte gering ist. Dort könnte die Gesundheitsversorgung der Bevölkerung künftig durch alternative Mobilitätskonzepte ergänzt werden (Beispiele DocMobil, Sammelbus, rollende Arztpraxis). (11), (12)

Mehr Internet-Engagement der Ärzte gefordert

Laut einer Studie von Nielsen sind 90 Prozent der Nutzer von Foren lediglich "Leser", nur rund ein Prozent schreibt sehr aktiv. Dadurch besteht natürlich die Gefahr, dass die Meinung von Einzelpersonen (zu) starkes Gewicht erhält. Diese Personen werden auch als Patient Opinion Leader (POL) bezeichnet. Da diesen "E-Patienten" oft sehr viel Vertrauen geschenkt wird, im Extremfall sogar mehr als dem eigenen Arzt, birgt das natürlich Risiken. Darüber hinaus springen auch immer häufiger völlig branchenfremde Unternehmen auf den Zug auf und entwickeln "nutzerorientierte" Innovationen für das Gesundheitswesen, die nicht immer unbedenklich sind. (13), (4)

In der Branche wächst daher die Erkenntnis, dass sich die Experten selbst, also die Ärzte, noch zu wenig engagieren. Der Informationsanteil von Laien, wie medizinisch unwissenden Bloggern oder verkaufsorientierter Industrie, soll daher zurückgedrängt werden. Dieses Ziel hat sich der neue Bundesverband Internetmedizin e.V. auf die Fahnen geschrieben, der Ende November 2012 in Hamburg gegründet wurde. Der Verein will medizinische Leistungs- und Informationsangebote im Internet fördern und ihre Qualität sicherstellen. Dafür engagieren sich die dem Verein beigetretenen Ärzte, Kreativen, Manager und Rechtsanwälte. (14)

Trends

Gesundheit - der am schnellsten wachsende Bereich bei Apps

Mobile Apps legen vor allem bei der jüngeren Bevölkerung an Bedeutung zu. Zurzeit nutzen etwa 18 Prozent der Befragten Apps als Infoquelle für Gesundheitsthemen. Gesundheit ist nach Einschätzung von Experten der am schnellsten wachsende Bereich bei Apps. Rund 200 Millionen mobile Gesundheits-Apps sind weltweit im Einsatz. Geboten wird alles Erdenkliche, von Angeboten in Ratgeber- oder Lexikonform bis hin zu Verknüpfungen von App und medizintechnischem Gerät oder Communities. Es gibt Apps für Gewichtsreduktion, für Diabetes, für den Rücken oder für das Zähneputzen der Kinder. Die meisten Apps werden allerdings nicht als Medizinprodukt angeboten, weil sie dann meldepflichtig wären und strenger Regulierung unterliegen würden. Maßnahmen zur Qualitätssicherung zum Schutz des

Patienten sind zweifelsohne notwendig und werden erarbeitet. (4), (5)

Kliniken und Krankenkassen müssen noch aufholen

Der Einfluss von Internet und Social Media wird nicht nur für die Ärzteschaft immer wichtiger, sondern auch für die Zulieferer, die Krankenkassen und die Kliniken. Während bereits etwa 47 Prozent der pharmazeutischen Unternehmen inzwischen in Social Media aktiv sind, greifen die gesetzlichen Krankenkassen und die Kliniken den Trend noch wesentlich verhaltener auf. Es ist abzusehen, dass sich alle Bereiche des Gesundheitswesens auf Druck der Patienten in den nächsten Jahren den Herausforderungen des Internets noch intensiver stellen müssen. (3)

Fallbeispiele

Arztbewertungsportale

Bereits im Jahr 2007 startete das Arztsuch- und -bewertungsportal Imedo, damals eines der ersten seiner Art. Die "Weisse Liste" (weisse-liste.de) ist ein Projekt der Bertelsmann-Stiftung und der Dachverbände der größten Patienten- und Verbraucherorganisationen in Kooperation mit der AOK, der Barmer-GEK und Techniker-Krankenkasse. Andere Portale sind beispielsweise Jameda.de, Docinsider.de, sanego.de. Der Arztnavigator von AOK und BARMER-GEK startete im Mai 2010 (aok-arztnavi.de). Die Online-Arztsuchfunktion ist frei zugänglich, für die Bewertung ist allerdings eine Registrierung und Anmeldung erforderlich. Teilnehmen können Versicherte ab 15 Jahren. Damit haben 30 Millionen Versicherte die Möglichkeit, ihre behandelnden Ärzte zu bewerten. Sie können ihre Erfahrungen mit niedergelassenen Ärzten weitergeben, die sie in den zurückliegenden 12 Monaten besucht haben. (9), (15)

Innovationspreise

Mit einem Innovationspreis wurden 2012 folgende drei Internet-Projekte von Ärzten ausgezeichnet: (1) Projekt zur Verbesserung der Versorgung auf dem Land durch Vernetzung mit anderen Leistungserbringern, (2) Projekt zur Auslagerung der Praxisverwaltung in ein Rechenzentrum und (3) Projekt zur Entwicklung einer App auf dem iPhone zur Verwaltung des Praxisbedarfs einer

Hausarztpraxis. (16)

Projekte zur mobilen Versorgung ländlicher Gebiete

In Brandenburg gibt es ein Modell, bei dem Patienten in Sammelbussen aufgelesen und zur Arztpraxis gefahren werden. Im Projekt DocMobil arbeiten Akteure aus unterschiedlichen Bereichen daran, Patienten im dünn besiedelten Landkreis Dithmarschen an der schleswig-holsteinischen Nordseeküste künftig mit einem Diagnostik- und Therapiemobil medizinisch zu versorgen. Angestellte Ärzte in wechselnder Besetzung, auch in Teilzeit, könnten dabei die Versorgung übernehmen. An dem Projekt der "rollenden Arztpraxis" in Niedersachsen beteiligen sich neben der KV der Autokonzern VW, die AOK Niedersachsen und der Landkreis Wolfenbüttel; T-Systems liefert die telemedizinische Ausrüstung. (4)

Zahlen & Fakten

- Bereits 74 Prozent der deutschen Bevölkerung nutzen laut einer Gesundheitsstudie der

Kommunikationsberatung MSL Germany das Internet bei Gesundheitsfragen.
- 61 Prozent der Internet-Nutzer informieren sich in einem akuten Fall, 47 Prozent um den eigenen gesunden Lebensstil zu unterstützen, fast 50 Prozent zum Thema Vorsorge.
- Wikipedia wird mit 55 Prozent am häufigsten genutzt, gefolgt von den Seiten der Krankenkassen mit 51 Prozent, dann folgen die Online-Informationsangebote von Ärzten mit 50 Prozent, klassische Social-Media-Kanäle wie Facebook oder Twitter liegen bei 12 beziehungsweise 8 Prozent.
- 31 Prozent der Befragten gaben an, dass Informationen im Internet verständlicher sind als im Gespräch mit dem Arzt. (1)

Weiterführende Literatur

(1) Online-Trend: Zu Gesundheitsfragen wird zuerst das Web konsultiert
aus Ärzte Zeitung Nr. 218 vom 04.12.2012, Seite 14

(2) Niedergelassene Ärzte gründen Bundesverband Internetmedizin
aus Ärzte Zeitung Nr. 1 vom 07.01.2013, Seite 9

(3) Umfragen: Social Media im Gesundheitswesen - Der direkte Kontakt zählt
aus Deutsches Ärzteblatt 45/109 vom 09.11.12 Seite [20]

(4) Mobile Versorgung: Praxis auf Rädern
aus Deutsches Ärzteblatt 6/110 vom 08.02.13 Seite 212

(5) Gesundheits-Apps: Wie lässt sich Qualität erkennen?
aus Deutsches Ärzteblatt 51-52/109 vom 24.12.12 Seite 2594

(6) Marketing: Wie dürfen Ärzte online werben?
aus Deutsches Ärzteblatt 45/109 vom 09.11.12 Seite [22]

(7) T wie Twitter: So einfach ist das Zwitschern
aus Ärzte Zeitung Nr. 27 vom 12.02.2013, Seite 20

(8) Neue Medien - Herausforderung für die MFA
aus Ärzte Zeitung Nr. 218 vom 04.12.2012, Seite 15

(9) Arztbewertung im Internet enthält viel mehr Lob als Kritik
aus Ärzte Zeitung Nr. 215 vom 29.11.2012, Seite 7

(10) Web-Bewertung - eine Chance für Ärzte
aus Ärzte Zeitung Nr. 5 vom 16.01.2012, Seite 14

(11) Gesundheitswirtschaft: E-Health als Treiber
aus Deutsches Ärzteblatt 51-52/109 vom 24.12.12 Seite 2602

(12) Telemedizin: Wachsendes Interesse
aus Deutsches Ärzteblatt 50/109 vom 14.12.12 Seite 2522

(13) Wer ist eigentlich der E-Patient?
aus pharma marketing journal Nr. 01 vom 15.02.2012 Seite 014

(14) Medizin im Internet: Neuer Bundesverband
aus Deutsches Ärzteblatt 5/110 vom 01.02.13 Seite 158

(15) Arztnavigator von AOK und BARMER-GEK: Was ich immer schon sagen wollte
aus Deutsches Ärzteblatt 20/108 vom 20.05.11 Seite 1106

(16) Hausarztzentrum auf dem Land gewinnt Innovationspreis
aus Ärzte Zeitung Nr. 212 vom 26.11.2012, Seite 1

Impressum

Internetmedizin - Patient sucht Arzt

Bibliografische Information der deutschen Nationalbibliothek

Die Deutsche Nationalbibliothek verzeichnet diese Publikation in der deutschen Nationalbibliografie; detaillierte bibliografische Daten sind im Internet über http://dnb.d-nb.de abrufbar.

ISBN: 978-3-7379-2782-6

© 2015 GBI-Genios Deutsche Wirtschaftsdatenbank GmbH, Freischützstraße 96, 81927 München, www.genios.de

Alle Rechte vorbehalten. Dieses Werk ist einschließlich aller seiner Teile – z.B. Texte, Tabellen und Grafiken - urheberrechtlich geschützt. Jede Verwertung außerhalb der Grenzen des Urheberrechtsgesetzes bedarf der vorherigen Zustimmung des Verlags. Dies gilt insbesondere auch für auszugsweise Nachdrucke, fotomechanische Vervielfältigungen (Fotokopie/Mikroskopie), Übersetzungen, Auswertungen durch Datenbanken oder ähnliche Einrichtungen und die Einspeicherung und Verarbeitung in elektronischen Systemen.